Róža Domašcyna

Zaungucker

„Mein Name ist Róža Domašcyna. Ich bin aus Bautzen und meinen Namen dürften Sie noch nie gehört haben, denn ich habe noch kein Gedicht in deutscher Sprache veröffentlicht. Ich schicke Ihnen meine Texte, weil ich Lyrikbetrachtungen von Ihnen kenne. Meine Texte – experimentelle Lyrik? Vielleicht ist experimentell nur das Anders-sein, die Empfindung hier zu Hause zu sein und sich doch weder als Sachse noch als Preuße zu fühlen. Vielleicht ist experimentell nur das, daß mein Volk ein ausschließlich dörfliches ist, daß Kleinheit vielleicht Provinz einschließt oder ausschließt? Vielleicht ist es die Rechtschreibung, die ich nach dem Sorbischen gestaltet habe? Ich weiß um die Gefahr dieser gesuchten Selbstbewußtheit, bin mir der Worte *Provinz* und *National* wohl bewußt – nicht zuletzt sind sie kräftig mißbraucht worden. Aber zunehmend empfinde ich Provinzialismus in meiner Umwelt – wie mit regionaler Provinz oder einfach Anderssein umgegangen wird. Das gibt mir den Rückhalt, Ihnen meine Texte zu schicken..."

Texte, in denen sich nun allerdings eine Dichterin entdeckt, die aus dem Zwist von legendärer Herkunft und auf sie einstürzender Gegenwart ihre Sprache findet: nüchtern, mit lidlosem Blick, traumsicher, mit dem siebten Sinn für das Unfaßbare hinter den Dingen, das mitbenannt werden muß.

Ich grab die hand mir in die tasche, grab mich ein
und schließ den mund, um stumm herauszuschrein

Róža Domašcyna

Zaungucker

gedichte texte

mit 4 Grafiken
von Karla Woisnitza

Janus
press

BasisDruck

In der tür

ein sich öffnender laut

wolltest du
meine adresse mit mir
ausgehn im viertelkreis der angel
standen gestapelt all die versackten
worte sorgsam getrennt auf der schwelle
würgte ich ein lächeln aus herzbin-
kerl sagte ich warf in die augen etwas flitter
im zug wir im lichtkegel zwei die einander
verschwiegen stehen
geblieben sind

Handzeichnung

für Jingru Duan

Meister Zhang Yu-Cai zeichnet
unter seiner hand (sehnen adern haut)
werden worte zum geräusch des pinsels
der über das reispapier gleitet insektenartig
blaurotschwarze käfer verfliegen pfirsichfarben
(pfirsiche nahrung der könige die in China
der affenkönig zu sich nahm und abgestraft wurde
ohne zu begreifen) farben laufen ineinander
verlaufen zeitlos
wird zeit festgehalten das wache
auge des kranichs das licht
des augenblicks auf ein langes brauchbares
leben und – als wäre nichts –
insekten und blumen
unter dem himmel der ein strich ist
hingemalt ins blau so aus dem gesicht
der Buddhas weggestrichen die züge des leids
ein lächeln
als könnte keiner die erde zurückverwandeln
in einen stern

Unter einem gewaltig mildtätigen horizont

als ich wiederholt die augen öffnete erkannte ich den wagen-
himmel das viereck das mich hielt knapp über der hölle
dem kartoffelacker wo vater die uniform verbrannte
die pistole vergrub ich kannte sein schweigen die zittrigen
hände die mich warm hielten auf abruf die akkorde
des klaviers die alles übertönen sollten mit *Weißem Holunder*
ein warten auf jeden tropfen milch mit dem ich aus
dem siebenten monat in die sachen wachsen sollte die
die truhe füllten: brautkranz und schleifen das liederbuch
der rosenkranz und das bild der schmerzensreichen
an der mildtätigen quelle alles hatten sie
vorbereitet für mich das zittern das hatte ich schon

Aufruf ins Paradies

cuzbnika smej ty a ja
(Mato Kosyk, Chicago 1884)

es ist nur eine wand haut ist
was uns trennt helldunkel
wird sie zeugen von der lust
die wir erleben eine atlantische
feier wird sein wenn wir einander begegnen
als die verwundbaren schlächter von tieren
die sich opfergaben bringen und ihren leib
mit blut bedecken damit sie einander gleich
werden unter den augen der toten
die ihre bleibe in der prärie zwischen himmel
und Paradies ausgeschlagen haben
aus ihren hüllen gestiegen sind um zu sehen
daß uns ein leben entstehe
von menschlicher art jetzt komm
meine schenkel liegen geneigt auf dem laken

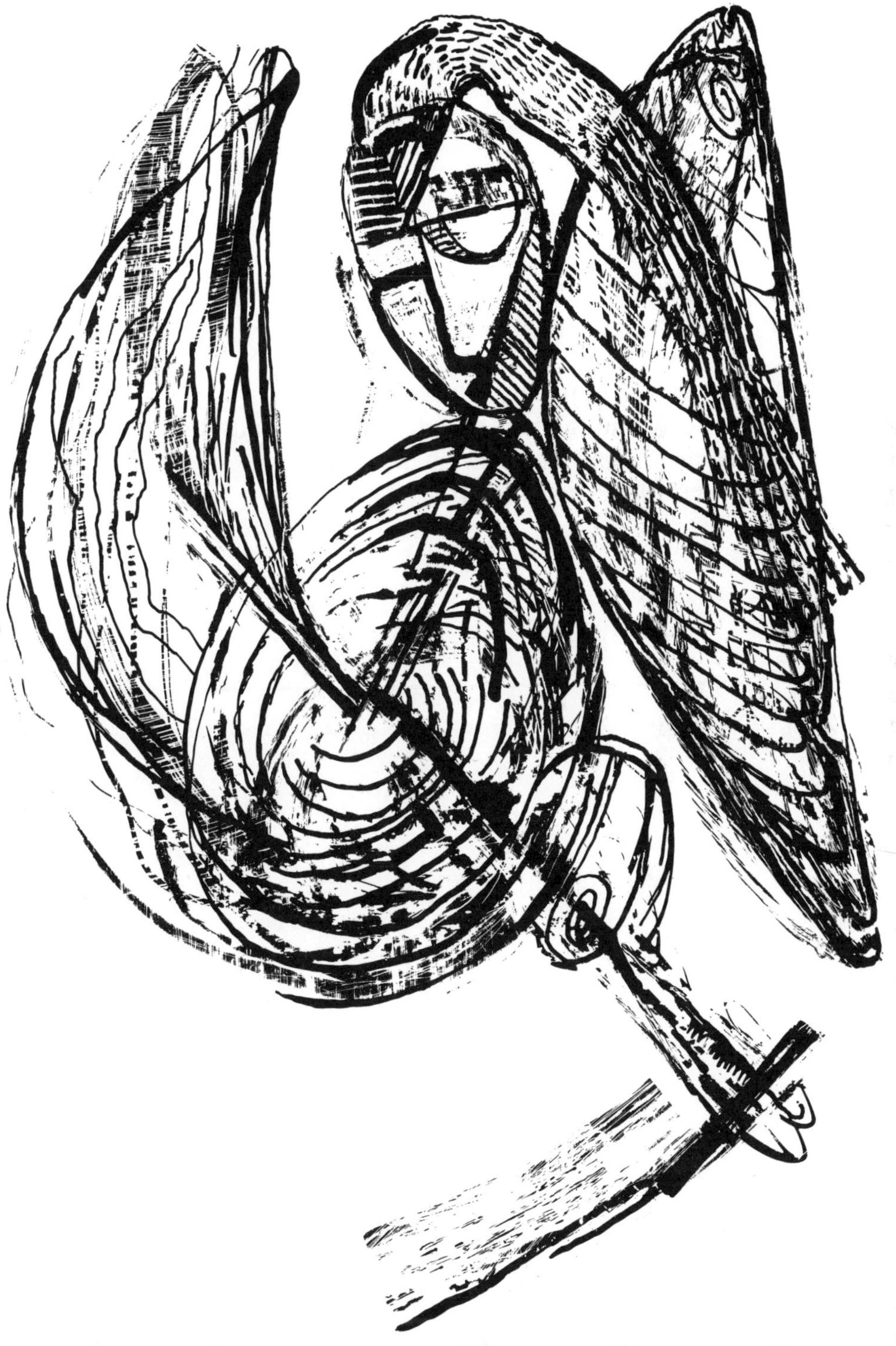

Folgen der überhebung

Es gibt nichts, das nicht vergessen wird
und niemand kann mich freisprechen.

Deshalb ist tilgung angesagt. Wortlos
abgebrochen aus meinem munde jedes wort, aus der pupille
gründlicher noch, aus dem sinn. Das all
ist ein selbstloses ich, vogelfrei.

Zaungucker

Wir fassen uns und können es nicht fassen:
Hier sind wir wer, wir sind allein. Gelassen
ist nur der schnee, taut unterm fuß hinweg –
embleme, zeichen einer macht im dreck.

Sind wir denn kinder? Sind wir ausgesetzt
am markt, mit rotem heller strafversetzt?
Nichts spricht uns frei, wir haben laut geschwiegen,
sind hungrig, greifen alles, was wir kriegen,

und stopfen zuckerwatte in uns rein,
die liegen bleibt und drückt und wird zu stein.
Ich grab die hand mir in die tasche, grab mich ein
und schließ den mund, um stumm herauszuschrein.

Budissin 89

Da lugt er aus der esse: Augustin Guckindieluft setzt zeichen an zeichen jahrhundertelang in den wechselnden himmel. Unbeachtet. Auf der VIA REGIA strömen die menschen, verströmen sich. Lassen Augustin sitzen auf seinem selbstgebrauten sächsischen oder böhmischen bier. Die ehrwürdigen dächer gehn in die knie, es regnet rein auf die verlassenen sekundärrohstoffe: die manifesten bibeln und die Bibel in muttersprache. Mehr als brot und salz nähren die bodenständigen, die ihre generationen in den höhlen am Osterweg fortpflanzen. In hochzeitstracht winken figurinen aus den schloßfenstern. Die neuen herrschaften lassen glühwürmchen steigen. Zwischen Nikolaifriedhof und den gittern der nahen zellen schwirren sie im trauten hinein und hinaus. Lautlos gibt das Gelbe Elend seine rechte als herberge auf. Auf der Reichenstraße spricht man reichsdeutsch. Auf der Schießbleiche falln pappkameraden in den sand und die tieffiieger aus Litten sind ausgeblieben. Nur Augustin Einfältig sitzt fromm, wie ehemals, da und gafft nach. Äh!

Das gefälle das fallen der fall

einen haben sie fest
gestellt der den Hussiten
heimlich das stadttor geöffnet
haben soll zur plünderung
unter der folter hat er gestanden

einem haben sie ein
gegeben das MG durchzuladen
und durchzuziehn noch heute
zerrt er an seinen fingern
gesteht jedem alles

einer haben sie an
gedroht, denkt sie
wird sie entmündigt jetzt
läuft sie
irr mit der wahrheit
auf der zunge

Wo sind die wirklichen,
die eigentlichen töter?
Wer hat die täter getötet?

Rollenspiele

Die *guten* sind unter uns. Die *bösen*
da draußen, sagte der prediger. Ich
wuchs. Um einige zentimeter wuchsen
wir drinnen. Alle. Ein paar herzschläge
lang schien das dasein. Neu verlor sich
der duft aus beweihräucherung im gestank
des weihrauchs. Dann verließen wir
das haus.

Loblied auf die maßnahmen

Also können die schildbürger nicht mehr asphaltstraßen durch
die gärten bauen die bäume ausrichten nach reih und glied jeden
zentimeter erde pflügen regenwürmer trennen mit metall den
kommenden spots in den mund legen milch mit nitrat ihnen
anbieten jauche in den fluß gießen am reaktor auf der wiese
rufen *kuckuck* der abgassilhouette zuwinken im blühenden wasser
schaumblumen pflücken nach hause tragen
Schildbürgen ist abgebaggert.

Giganten und engel

Figuren auf sockeln, gesichter aus stein.
Schlammige pfade. Am tor prangt: DAHEIM.
Lächelnde menschen auf fotografien
scheinen zu sagen: HIER WIRD DIR VERZIEHN.

Zertretene stufen führn mich aufs podest,
wo man für geld gut die hülle beläßt.
Orden und abzeichen, kreuz - requisit,
strippe ins jenseits, fürs hohe geblüt.

Giganten und engel, in gesten erstarrt,
fallen mich an. Hier wird keiner genarrt!
Komm doch, o komm, uns bezahlt man in bar:
blattgold im turnus auf brust und ins haar.

Walpurgis 1990

Wir gingen durchs gebräch. Es war
die nacht zum 1. mai.

Da kam ein mensch mit rotlackierter spur
auf dem gesicht und sprach: Das sind korallen,
wie es in Spanien war. Das sind die aufgebrochnen
wunden des Reichs, stellte ein andrer klar.
Ein dritter sah's und sagte: 'S ist plast
vom letzten jahr.

Es war
die nacht zum 1. mai, und eine nelke
brach sich uns durchs haar.

Ich ging mit mutter

die kleingartenanlage war sauber gefegt ich ging
mit ihr an der hand am spartenheim vorbei
am mannschaftstraining die kegel fielen wie worte auf
mutters kopfputz die schleife aus chinaseide stimmen
schrien etwas zwischen den parzellen zäune geteiltes
grün vereinzelte silben verstanden wir VERRECKE
ich sah mutters gesicht von unten die staketenspitzen
waren auf uns gerichtet WENDE ich riß die schleife ab

Isolationsgeschädigt

Die heimat ist, wo wüste bleibt: na und?!
Der weltmensch reiht sich ein zum schulterschluß
und ähnelt mehr und mehr sich schon im gruß.

Das ist der freiheit weite: uniform.
Hier bleibst du stets gebrannt, ein bunter hund
von dessen zeichen der geruch gibt kund

auf großem fuß das leben – einmal nur –
willst du es kosten durch die haut, und ganz.
Es nehmen bis zum letzten lämmerschwanz.

Zeit der legende

Nach F.García Lorca

als ich nachts unterm lorbeerbaum grub
nach der dreiseitigen fiedel
hob ich mir kindheit aus

ein vergangenes wesen mit einem licht
und singstimme *Lubka lilija*
zu füßen eine erschlagene katze

die *Legende der Zeit* rollte sich auf
und zerfiel mir unter den augen
da ich rastete zitternd und grau

wie haut und knochen stand ich griff nach
der fiedel am mittag setzte den bogen an
die seiten tönten zerbarsten

der katzenkadaver floh das kind
blieb stecken der baum ließ fallen
ein blatt legte sich auf mich

Bity njebiteho njese

(sorbisches sprichwort)

wie mutter mich gebar kleidlos
in des alten hauses warmhaltenden
mauern wollüstig zucken in mir
meiner liebe hoff's letzte schrecken

Weshalb denn bleiben?

gewohnt zu versuchen versuch ich
das schicksal erneut sportlich zäh
verbeiß mir des vortodes wissen
ingrimmig lachend hier steh

In der spalte

für G. Z.

Sie griff um sich, griff nach mir, eine schöne, leicht lädierte puppe. Ich fühlte meine ausgegrenztheit als nachgeburt meiner großmutter, gerahmt zwischen ihren beinen und dem nesselrockvorhang. Schon wollte ich wieder meine lider senken, den derben stoff zwischen die zähne pressen und die spalte schließen.

Aber mein inneres, das aufgeriebene auge, stutzte noch: Da war keine gewalt! Die puppe bezeichnete mich nicht mit dem finger, vielmehr zog sie ihre schön bemalten nägel ein.

Ich trat einen schritt vorwärts, wagte einen hühnerschritt auf sie zu, obwohl die narben auf meinem kopf nun voll im licht lagen. Das kind in mir bewegte sich hochrot in seiner hülle, als ob es den sarg vergessen hätte, der mit ihm wuchs.

Die puppe lachte nicht, spuckte keine worte in mein gesicht, verwies mich nicht in den rahmen, den ich verlassen hatte in meiner nacktheit.

Ich tastete nach ihren händen: kalt und starr. Da vergaß ich die enge meiner behausung, umarmte ihre gestalt und wärmte sie mit meinem körper, großmutters nachgeborener wärme – vergaß die narben auf meinem kopf, spürte: das pochen in ihren adern wurde schneller, die augenwurden blanker. Der mund formte einen laut in jedweder sprache. Ich verstand: sie war meinesgleichen.

Da teilte ich mit ihr die spalte.

In der spinngesellschaft

spinnen wir uns ein
verspinnen die zeit:
mit uns gegen uns

das rädchen dreht sich
wir bewegen uns
im netz

besprechen wir
die spule des rads
um dem faden zu nehmen
anfang und ende

Wir saßen am fuß

Wir saßen am fuß eines hügels, das kind
und ich.
Ich schlug ein buch auf. Lies laut, sagte das kind.
Da sprach ich: *Li-Tai-Bo:*
Entschwunden sind längst die Vögel in lichteren Höhn
Wer weiß, wohin jedes müßige Wölkchen entwich.
Zwei gibt es, die können einander nie genug sehn:
Der Dsching-Ting-Berg und ich.

Ja, sagte das kind.

Begegnung

Du standest in der geöffneten tür des hauses, in das ich eintreten wollte.

Als ich dich erblickte, ergoß sich das lampenlicht aus dem flur auf die straße. Ich watete darin bis zum hals. Alle räume um mich waren ausgefüllt in mir. Meine hände verkrampften sich wie mein magenmuskel. Die luft zum atmen war mir genommen. Schauer liefen über meinen rücken, die zunge klebte am gaumen fest.

Als du gegangen warst, floh das licht zurück in das haus, meine zunge bewegte sich außer mir.

Als ich wollte, daß es sei

am see wars, du sagtest
artigkeiten. Zu jeder
stunde dachte ich: das ist meine.
Stunde um stunde verging,
stehenden fußes stand ich
am wasser, standen die worte
ungesagt dazwischen. Eine bewegung,
ein schritt zurück war das einzige,
das ich tun konnte. Starr, wie ich war,
wollte ich, daß es sei, dachte:
alle zeit legt sich an
mit mir, geht mit. Jede stunde
blätterte, entblätterte mich.
Ich wartete und wollte, und
du sagtest artigkeiten,
die sollte ich nehmen.

Hingang

Bin still, ganz still und fühle seine näh.
So einfach da und nah – ein stück von mir?
Mein liebgesicht, mein schmerzgesicht gleich hier.
Es jauchzt in mir, wenn schaudernd ich ihn seh.

Ist mir denn bang, ein zwiegesichtig sein,
vor kälteeinbruch, daß der leib wird hart?
Ich hab ja ihn. Bin für ihn aufbewahrt,
bis daß er sagt: komm jetzt, ich lad dich ein.

Dann will ich salbei tun und schachtelhalm
auf sein gesicht – den liebsten nur erkennen.
WIR: du und ich. SEIN: leben oder ruhn.

Und jenseits unsrer lade laß den salm.
Wolln klafterweise holzklötze verbrennen
und dinge, die ich nie gewagt noch, tun.

Reaktion

sein atem
im nacken
drückte

wenden wollte ich
kopflos der kopf
mit starrem nacken
als er ging

Im winkelzug

mit flügeln aus marmor
landest du abends
auf meinem ofen

engel wie milch
ich heiz dir ein
eröffne: DU BIST
GANZ NUR IN MIR

in die glut ich blas
das hemd zerreiß
die kacheln wärm
vor dem ofen knie

dein leib der bleibt
im winkelzug
fiction in weiß

Im hochzeitsbaume

Am morgen bind mein haar ich auf zum knoten,
verstell den spiegel hurtig, eil treppab.
Im nacken lose strähnen falln herab.
Es klopft ans fenster – vogelhochzeitsboten?

Ich wende mein gesicht zur tür, nach außen,
zähl ab den reim: wir – es, sie, er, du, ich.
Im fensterglas, schräg drüben, seh ich mich
als windsbraut dort im hochzeitsbaume draußen.

Schon fahr ins haar ich mir. Lös das gezwirne
und jemand atmet nähe, flüstert: gehe!
Die furcht vor kälte legt im gehen sich.

Im fenster, übernächtigt, eine dirne
mit frei gefallnem haar. Ich hautnah sehe:
der rauhreif überwucherts glas und mich.

Näher gekommen

ich vertreibe dein gesicht
die rinne am mund die schatten
ich vertreibe dein
irrlicht aus der rechten ecke
des linken auges
ich vertreibe
das zucken der lider jetzt
schläfst du
ich

Spinnenjagd

in jedem zimmer lauer ich hör
das schleifen deiner beine auf der tapete
über die decke läufst du quer
flugs in die nächste ecke dann gehts
die wand hinunter an der tür
ich du beharrlich einander zu
schnurgerade in allen deinen augen mich
schön das gekitzel des haars
schwarz auf blaß werd ich ein vogel

Von einer möglichkeit, die zeit zu vertun

Wir fuhren mit einem zug, dessen waggons keine verkleidung hatten. Sie bestanden nur aus dem fahrgestell, über das einige bretter gebreitet waren. Es war ein sonniger herbsttag. Auf der beschilderung am bahnhof erkannte ich, daß wir soeben durch Herzberg fuhren. Ich wollte keinen augenblick verlieren.

Du sagtest, wir hätten noch etwas zeit.

Da setzte ich mich in eine ecke und schnurrte. Dann verdoppelte ich mein gewicht. Der zug jedoch fuhr schneller, und die wärme um uns herum nahm zu. Die sonne bleichte mein haar. Du sagtest: nehmen wir ein sonnenbad!

Ich streckte meinen körper auf dem holz aus. Du berührtest mein ohr. Schon spürte ich unseren pulsschlag.

Da setzte sich eine katze uns gegenüber. Sie kämmte sich mit einem hornkamm und ließ uns nicht aus den augen.

Du sagtest, es wäre unmöglich, sich in den augen der katze zu lieben.

Die katze blieb mit leeren augen auf dem waggon sitzen, sieben leben lang.

Räude

spiegelt sich beim hinsehn
in den augen und küssen SICHLIEBENDER
ichsager die untergehakt ausschreiten
mit dem hufeisen in der tasche

aufs gewinnen erpicht
überrumpeln sie jeden
der hinkt

Schöne aussicht

die schwarzen wege an den meeren
in uns (erkennst du sie, Anna),
längst ausgetreten, geteert und
betoniert, die gaslaternen elektrisch
geschalten bis zum anschlag
des dämmerungsschalters. Abbilder
von licht in der nacht,
die ihren vögeln den flügelschlag verstärkt –
schwingendes gleichmaß der unfaßbaren
energie.

ZUflucht

im roten kleid kam ich allweil zu kurz
und nur die träume lebt ich ohne sturz

ich wollt mich fassen meine schritte spürn
und leben in die mangel glättend führn
schrieb *Industriefest* mir ins aderwerk
und setzte an den schleifer *Venusberg*
mit leisem surren kaltmaschinenfest
ging auf der oberfläche ich zum härtetest

was hats genützt ich bin zu kurz gekommen
nun hat der traum sich meiner angenommen

Das los

Will mir jetzt was aufbaun. Autonom
des lebens zeit in felder, lose teiln.
So tun, als sei das hier ein offner schrein
und über allem, grün, der lebensbaum.

Was übe ich im feld: genügsamkeit,
laß mich gebrauchen, wenden, folkvolk sein
und fremd nach neuen lebensmustern schrein.
Entleerte worte der vergangenheit

mir falln herab, vermodern. Letzter gruß:
schau, asche bin ich. Asche, naher trost?
Vor mir sind feld und furche urbar. Land,

durch mich gemacht, darüber ich. Mein fuß
versinkt, zieht nach des leibes fleisch. Das los
verwischt. Der sand verweht aus meiner hand.

Die heilung

Es juckte, und täglich juckte es mehr. Ich kratzte erst heimlich, später in aller öffentlichkeit.

Meine finger glitten über die wunden stellen, als ob sie eine heilige handlung verrichten würden, sie wollten mir einfach nicht mehr gehorchen.

Zuerst waren da nur zwei, drei kleine punkte rund um den nabel gewesen. Doch im laufe der zeit hatten sich die punkte vermehrt und sich auf der gesamten bauchfläche verteilt. Sie wuchsen, wenn auch langsam, so doch beständig.

Obzwar mir der arzt sagte, daß diese erscheinung unbedenklich sei, wollte ich mich mit der antwort nicht zufrieden geben.

Eine alte tante, väterlicherseits, der meine vorliebe für wunde stellen aufgefallen war, meinte, daß die leute früher derlei besprochen hätten, und daß unweit der neustadt, in N., noch eine frau lebt, zu der die heilungsuchenden gehen würden.

Die hat schon immer helfen können, sagte sie. Ich entschied mich, die frau in N. aufzusuchen.

Nachdem ich die hochhausstraße, in der ich wohnte, passiert hatte, kamen hinter der müllkippe die häuser von N. in sicht. Es waren billige siedlungsbauten, die in den dreißiger jahren für eisenbahner gebaut worden waren. In dieser halb verfallenen gegend stand auch das haus, das man mir beschrieben hatte: ein eingeschossiges gebäude mit angebautem ziegenstall, das in nichts von den anderen abstach, außer in der tatsache, daß aus dem fenster eine fahne hing, die im ostwind flatterte.

Der eingang war gut beleuchtet und mit plakaten und werbespots beklebt. Im flur standen stühle aus buntem plastik, und die geweißten wände zierten poster mit katzen.

Zaghaft klopfte ich an die nächstgelegene tür. Eine hohe stimme antwortete. Ich drückte auf die klinke und trat ein.

Im licht der flimmernden mattscheibe sah ich die umrisse des zimmers. Rings an den wänden waren helle anbaumöbel aufgestellt, die wie übereinander gestapelte kisten aussahen. Sie reichten bis zur zimmerdecke und verliehen dem niedrigen, quadratischen raum etwas käfigartiges.

In der mitte des zimmers stand ein hochlehniger sessel, aus dem sich jetzt eine schmale gestalt schob.

Mit unsicheren schritten kam sie auf mich zu. Das licht wurde angedreht, und ich stand im blickfeld ihrer neugierigen augen.

Mir fiel auf, daß die frau ein grünes wolltuch trug, das sie sich um den kopf zu einer art turban gebunden hatte. Das tuch war von gleicher qualität und machart, wie das trachtentuch meiner großmutter.

Wie erwartet, schien sie mein anliegen nicht zu verwundern. Geschäftig trat sie an die schränke und holte einige sachen hervor, die sie vor mir auf den fußboden stellte. Dabei fragte sie nach meinem beruf.

Ich erzählte, daß ich kaufmann bin, aber nicht als kaufmann arbeite.

Warum nicht?

Meine chefin bei der bank, sagte ich, konnte es nicht ausstehen, daß ich mich mit den kunden in der sprache meiner großmutter unterhielt. Sie fühlte sich über- und hintergangen, argwöhnte verschwörung, bankeinbruchspläne.

So mußte ich schließlich freiwillig gehn.

Vielleicht, sagte die frau, liegt darin die ursache der krankheit. Sie forderte mich auf, im sessel platz zu nehmen.

Als ich es mir darin bequem gemacht hatte, bemerkte ich, daß ich hunger hatte. Unwillkürlich strichen meine hände über die nabelgegend.

Die alte bewegte sich flink. Nebenbei ließ sie mich wissen, daß sie vormals wendisch gewesen wäre, doch ihr verstorbener mann hätte diese sprache nicht verstanden, so daß sie die tracht abgelegt und die sprache vergessen habe.

Damit läßt sich leben, sagte sie, und wies auf ihre einrichtung: die möbel, den fernseher.

Aus einem der schränke holte sie einen plattenspieler und legte eine platte auf.

Frische kinderstimmen füllten den raum. Sie sangen sorbisch und erinnerten mich an die stimme von Handrij.

Eine stimme, die sich verändert hat nach dem krankenhausbesuch. Ein stilles kind ist er geworden, das mich kaum noch zu bemerken scheint. Er malt. Stundenlang sitzt er in der spielecke, und unter seinen händen entstehen bilder. Verzerrte gebilde, die sich ähneln, aus denen ich nicht klug werden kann.

Die frau hatte wohl endlich alles erforderliche zusammengetragen: einen einarmigen leuchter aus zinn, in den sie eine weiße kerze steckte und eine rolle zwirn.

Sie zündete die kerze an und fragte nach meiner tätigkeit.

Ich bediene das telefon des vertrauens, antwortete ich.

Für einen moment sah sie mich verwundert an, sagte aber nichts, und in die stille hinein meldete sich unüberhörbar mein magen.

Daraufhin verließ sie das zimmer und kam mit einem teller dünner suppe zurück.

Bitte, sagte sie.

Beim löffeln sah sie mir unverwandt zu, registrierte jedes zögern, jedes rühren.

Sie suchen umsonst, sprach sie. In dieser suppe ist kein haar.

Dabei lächelte sie auf eine art, die mir bekannt vorkam.

Seine gesundheit, sagte die alte, hat jeder selbst in der hand. Es kommt nur darauf an, sich nicht aufzureiben. Sie sei ihrem mann, der bei der eisenbahn war, ohne widerspruch in die stadt gefolgt, habe sich eingelebt, sei zufrieden. Und wie um diese worte zu bekräftigen, lächelte sie wieder.

Im kerzenschein sah ich ihr gesicht, ein glattes und rundliches. Es wirkte jung und zeigte eine unwahrscheinlich gesunde farbe. Ein gesicht, wie kinder es zeichnen, wie Handrij es malt. Menschen im krankenhaus, gesichter von ärzten und schwestern. Fröhliche, überlegen lächelnde gesichter über liegenden, kriechenden leibern malt Handrij.

Die körper sind kranke kinder aus unserer familie, die durst haben, hatte Handrij erklärt. Die gesichter aber können die körper nicht verstehen. Sie sprechen unverständliche worte und geben den kindern nichts, als dieses lächeln.

Das gesicht der frau kam näher. Es beugte sich über mich, und ich fühlte den schmerz in meinem körper sehr deutlich. Heimlich schob ich die hände unter den pullover, befühlte die grinde, die offenen stellen.

Der plattenspieler wurde lauter, immer lauter.

Plötzlich war es still, und in der stille erkannte ich das lächeln der gemalten gesichter in den zügen der alten.

Sie lachte mich aus.

Das gelächter verfing sich im raum. Es kroch in jedes möbelstück und brach hinterrücks und ohne vorwarnung wieder hervor.

Ganz langsam, zentimeterweise, hob ich die hände aus dem pullover und drückte die handflächen gegen die ohren.

Im kopf begann ein dröhnen, als ob autos gestartet würden. Das waren die Trabbis und Wartburgs jener, die sich bei mir beschwert hatten, daß ihnen in der kreisstadt kein benzin verkauft worden war, weil sie aufkleber auf ihren autos hatten. Blau-rot-weiße herzen, in deren mitte fromme worte gedruckt waren, die die tankwarte nicht verstanden.

Ich hatte den autobesitzern geraten, die aufkleber auf keinen fall abzureißen.

Zeigen Sie sich, hatte ich gesagt, verstecken ist kein ausweg.

Daraufhin hatten viele aufgelegt. Einfach den hörer eingehängt, den kontakt unterbrochen.

Waren es nicht die unterbrochenen kontakte, an denen ich litt?

Ich sah mich wieder hinter dem schalterfenster der bank, sah das verzerrte gesicht der chefin. Sie hielt pistolen auf mich gerichtet. Es waren tankpistolen, die sie den autos verweigert hatte. Aus den pistolen lief benzin. Das benzin durchnäßte mich, es klebte auf meiner haut. Ich rieb und kratzte, doch der makel ließ sich nicht entfernen.

Meine fingerkuppen lagen wieder in der nabelgegend.

Die frau schimpfte mißmutig vor sich hin, stieß verwünschungen aus. Dann gebot sie mir, mich zu entkrampfen. Ich sollte mich auf den fußboden legen und alle glieder von mir strecken.

Es war warm, auf den dielen lag teppichware. Müdigkeit befiel mich.

Träumen Sie, sagte die alte. Was träumen Sie?

Ich gehe nackt am hochhaus vorbei, in dem die leute aus meinem dorf wohnen. Ich ducke mich und versuche, ungesehen am haus vorbeizuschleichen. Doch die bewohner bemerken es und bewerfen mich mit beschriebenen bögen, die von den balkonen flattern und an meinem körper kleben bleiben. Nun bin ich nicht mehr nackt, doch die bögen sind mit fester blauer tinte beschrieben, die mir in die haut ätzt. Es sind seiten aus flurbüchern, testamente.

Ich reiße das papier ab, doch die worte haben sich mir in die haut gegraben.

Als ich die augen wieder öffnete, sah ich auf meiner haut frische kratzspuren.

Die alte hatte sich abgewandt. Sie schüttelte den kopf im rhythmus einer uhr, deren ticken den raum füllte. Ich lauschte, um eine beschleunigung, eine unregelmäßigkeit herauszuhören, umsonst.

Schließlich wandte sie sich mir wieder zu, griff nach der zwirnsrolle, beugte sich über mich und nahm maß: vom kopf bis zu den zehen, und von fingerspitze zu fingerspitze.

Sie verglich die beiden zwirnsenden, schüttelte abermals den kopf und sagte:

Entkrampfen Sie sich, oder es wird nichts.

Ich merkte, daß es im raum heiß geworden war, und die schallplatte schien gesprungen zu sein, die kinderstimmen sangen immer den gleichen text:

SCHÖNE LAUSITZ, VATERHAUS, BIST MIR GERECHT UND FREUNDLICH...

Die worte überstimmten mich. Leicht wiegend schwebten sie auf und ab. Sprechblasen. Sie trieben mir ein hecheln aus. Ich hörte es ganz deutlich und feucht am linken ohr.

Die alte hantierte, halb auf mich gestützt, mit den fäden, die sie zu schlingen knotete. Fangschlingen.

Plötzlich war das lächeln aus Handrijs zeichnungen greifbar nah, es baumelte regelrecht neben mir.

Blitzschnell griff ich nach einer schlinge und zog sie der alten über den kopf.

Von diesem moment an fühlte ich mich frei, frei vom unseligen jucken. Mit der hand betastete ich meinen bauch. Die haut fühlte sich samtig an.

Der zwirn mußte gute vorkriegsware sein, denn er zerriß nicht. Das gesicht der alten lief rot an, die überraschung ließ ihr lächeln erstarren. Wie losgelöst schwebte es über dem dunklen körper, der eckige bewegungen vollführte, der floh.

Alle abgerissenen herzen fielen mir ein, alle worte, die ich bei der bank nicht auszusprechen gewagt hatte. Jetzt konnte ich mich rächen.

Zieh, sagte die alte, zieh kräftig!

Ein hilfloses gesicht sah mich an. Das gesicht meiner großmutter.

Ich schob die finger zwischen hals und faden, zerriß das garn und ließ leib und gesicht wieder eins werden.

Die alte hielt zwei fadenenden in der hand. Schwerfällig erhob sie sich und hielt die fäden in die flamme der kerze.

Sie führen irgendwas mit sich, das mich hemmt. Es muß etwas sehr altes sein. Stehen Sie auf und geben Sie es mir!

Wie unter zwang erhob ich mich und zog ein foto aus der tasche. Es war vergilbt. Quer über das lichtbild waren mit ungelenker handschrift und blauer tinte worte geschrieben:

ZA TEBJE, WOWKA.

Wieder ertappte ich mich dabei, das tuch der alten mit dem meiner großmutter zu vergleichen. Ohne zweifel, es war das gleiche tuch.

Geben Sie her, wiederholte die frau, und wollte mir das bild entreißen.

Als es ihr gelang, ließ sie es los, und das foto fiel mir vor die füße. Es lag genau zwischen mir und ihr.

Sie hob die arme und streckte sie mir entgegen. Kommen Sie, sprach die alte.

Ich stand nur einen schritt von ihr entfernt, und wenn ich das foto übertreten würde, könnte ich ihre hände berühren.

Doch das stück papier ließ es nicht zu. Jeden moment konnte es sich vom boden lösen und mir an der haut kleben.

Ich wich zurück und prallte gegen die schrankwand, wo sich mehrere türen gleichzeitig öffneten. Der plattenspieler bekam einen stoß, und die platte kam ins schlingern. Sie begann sich zu drehen. Kinderstimmen wurden laut, silben und töne. Ein rufen, wie unter narkose, Handrijs rufen.

Aus einem der oberen fächer glitt ein bündel papier. Die bögen fielen auf mich herab.

Sofort griff ich nach meinem körper und versuchte, das papier abzuwehren. Doch die blätter kratzten auf meiner haut, und wowkas worte brannten. Der gewohnte zustand hatte sich eingestellt: das fühlen des körpers, das jucken.

Es waren meine geschwüre, die ich spürte. Jedes einzelne war auf seinem platz.

In meine beschäftigung hinein hörte ich eine wimmernde stimme: Helfen Sie mir, denn seit ich mich losgesagt habe, kann ich nichts mehr besprechen! Sie sagte es in der sprache meiner großmutter.

Im schrankspiegel sah ich die frau. Sie saß wieder in ihrem sessel. Der turban war verrutscht, und langes graues haar hing ihr in dünnen strähnen über die schultern.

Kämmen Sie sich, sagte ich, und binden Sie sich das tuch.

Sie starrte auf das bild zu ihren füßen und versuchte sich das kopftuch so zu binden, wie meine großmutter ihres getragen hatte. Doch ihre finger waren ungelenk, so daß es ihr immer wieder mißlang. Da weinte sie.

Versuchen Sie es, sprach ich wieder, und geben Sie nicht nach.

So klar und deutlich hatte ich meine stimme noch nie gehört.

Die frau hob den kopf und sah mich in einer art stummen einvernehmens an. Ich griff nach dem foto und steckte es ein. Als ich ging, war sie so sehr in ihre tätigkeit vertieft, daß sie es nicht bemerkte.

Auf der straße hatte sich der wind gedreht. Der westwind war warm. Er riß mir den abschiedsgruß vom mund und trug die worte die straße lang, wo kinder mit fahnenfetzen spielten.

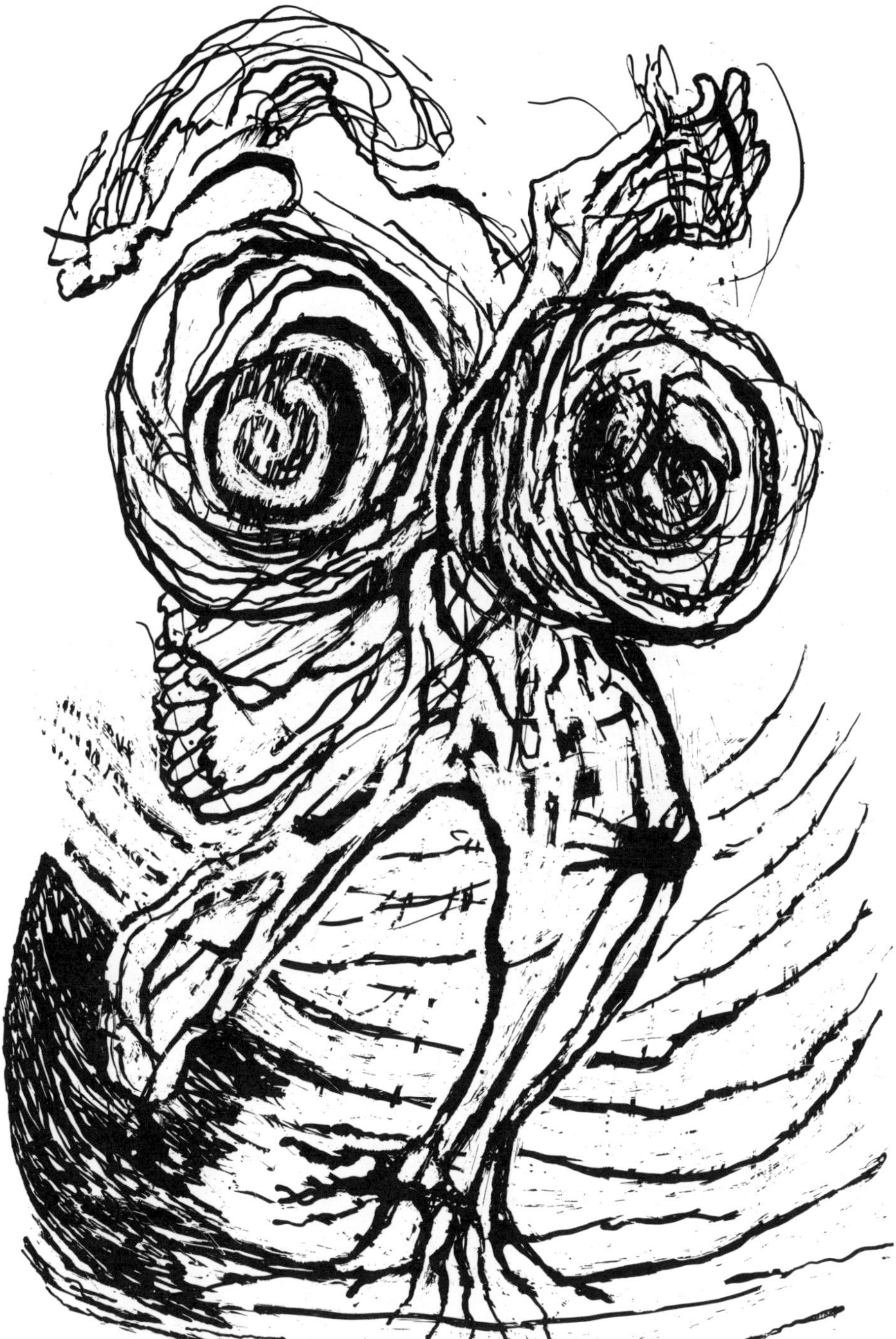

Delany

für W. Kirsten

land unter mir nabel
der kindheit ganze welt
milchnaß und eben ein schoß
sollte mir bleiben ich hielt
die uhr an den atem besah mich
ein vergilbtes foto der großmutter im glas
erkannten meine augen die eigenen
baum und anwesen die kuh
angeschirrt am eggebalken mit nägeln
den gekreuzigten dahinter
des gestundeten lebens ausgefahrenen rain
einen rahmen ein gitterstück
das mich im bilde hielt
angenabelt sah mich
mit den augen
von fremden

Im Spreewald

für P. Rocha

So lautlos, wie der kahn im flusse gleitet,
fließt wasser. Wasser trübt die quelle nicht!
Falln kahler wipfel schatten ins gesicht –
die greisin wie seit eh das mahl bereitet.

Der kinder stumme zeugen drehen bei,
mit fröschen in den hälsen an den strand.
Im kahn die flasche wandert hand zu hand
und fröhlichkeit grient frei ins konterfei.

Auf tischen dampft der zeitgenossen schmaus,
im kopfe kochts der frau: WIE LANGE NOCH
aus essen quillt der schwefeldiogrieß.

Sie putzt sich für touristen, stellt sich aus.
Mit lapa wirkt der kopf exotisch. Doch
am fließ ein ansichtskartenparadies.

Zeitzeichen

gekeilt zwischen zeichen zaun
und zaun und blauhemdärmel
(der mehr zeigte als verhüllte)
zeit des ersten präsidenten
der sagte *Es lebe*
das Volk Kifkos das
seine geige begrub (und zuletzt noch
bemalte eier verkaufte) meine zeit
in der *Wie ich mein Vaterland fand*
auswendig lernte in dreiecksland
das nie das format zum transit aufbrachte
stolz in den wind baute
heroische zeichen

Kindheitsbild

ich ein Junger Pionier mit heiligenbild in der
hand SO IST ES BESSER FALLS ALLES ANDERS
KOMMT sagte vater ein wandernder granatsplitter
bringt mich um er fiel in der küche auf die pup-
penstube zerbrach die wand aus pappmaché damit
sie's nicht sah stach ich die starren augen der
puppe ein

Anpassung

als sie in *Die Stadt* gekommen waren hatte vater
den schlüssel mitgebracht er suchte das schloß in
jeder nacht passte er den schlüssel ein versuchte
das öffnen der haustür fingerte am beton bis er
rot war ein ziegelbau wo war das schlüsselloch in
der zeit die unmerkbar verging zwischen wand
und wand eine verwucherte öffnung ließ sich
nicht finden der vater schrie

die mutter kochte nun *Himmel und Erde* wollte
doch leben

Wir einundsechzig mit fähnchen

zu einem foto von P. Rota

aus klinkerhäusern treten beschuhte
kinder gebein schuldloses noch
bandagiert mit geklammerter nase
hingeführt zur Struga der schöngesagten
mit fäusten die gut sind zum tragen von fähnchen
mit mündern die gut sind zum singen von hymnen

mit ohren die gut sind zum weghörn

Moja hola

vater saß unterm baum am haus
die fiedel spielte *Ach, Moja hola* starb
der vater beerdigt mit ihm die fiedel

bagger gekommen baum umgeworfen haus abgebaggert
vater ausgegraben fiedel ausgegraben
vater auferstanden fiedel genommen baum gepflanzt
haus gebaut

bagger gekommen baum umgeworfen haus abgebaggert
vater gestorben fiedel hinterlassen

bagger gekommen fiedel zerbrochen
niemand spielt *Ach, Moja hola*
ach mojahola achmojahola ach

bagger gekommen wohin mit vater
achmojahola wohinwohin achmojahola wo

Die spreewaldpuppen

Da stehn sie aus, in stärke und in spitze,
vorn ausgestopft und hinten formig rund.
Bereit zum aufziehn, unkränkbar durch witze.

Der händler rühmt: die rosaroten backen
sind abwaschbar, gehn nicht so leicht kaputt
als souvenirs, und handlich zu verpacken!

Die spitzen rascheln, wenn die puppen sprechen.
Ihr singsang klingt befremdlich, doch sehr schön,
ist immer heiter, lindert auch gebrechen!

Das wasser fließt, die kähne laufen über.
Das geld, es knistert und die kasse klingelt.
Greift zu, der händler ruft, bald ist's vorüber!

Für Staunemann die letzte, reich sie rüber!
Der nimmt gleich maß, renkt ihr die glieder aus.
Die puppe nickt noch lange, hats nicht über.

Ausgrenzung

MAN KANN UNS BEFEHLEN,
MAN KANN UNS BITTEN,
WIR GEHEN ABER NICHT WEG,
WIR BLEIBEN IN KLITTEN!
(Plakattext 6.1.1990)

Inmitten der gängigen Spiele – stadt, land, ort –, als überm wind ein storchennest faßbar noch war, die kondensstreifen der vögel und unsere stimmen dem rundanger vertraut waren, wie der gruß der totenfrau ICH SEHE DICH, wies man mich an, diesen ort zu verlassen. Da barg ich den spiegel des teichs hinterm augenlid. Die dächer kopfüber, die fenster mir zugeneigt, wie ein zuhaus dem heimkehrer. Die straße, auf der wir vaters sarg trugen, nahm ich auf, um sie fortzutragen. Ich versuchte das meine zu bergen: den herzsplitter des nachbarn, den scheu aufsteigenden gruß der kinder, den vierblättrigen klee (den ich für dich aufgehoben hatte), das halbe jahrhundert des apfelbaums, und unter der linken herzklappe mutters brusttuch. So stand ich also da, ausgewiesen und zugewiesen. Ging vorbei an der totenfrau, vorbei an ihrem übertuch aus leinen, unter dem sich ein mensch zu verbergen schien. Mein beladener kopf nickte im rhythmus der schritte die dorfstraße lang. Die aufgesogenen bilder wirbelten. Farben, feuerwerkskörper fielen mir aus. Als ich ankam zwischen den gegossenen wänden, nahm ich, hellhörig, den splitter und schlug ihn an die tür an, hinter der ich eine herberge vermutete. Doch den menschen, die da gingen, gehört er wohl nicht. Den gruß der kinder lehnte ich aus dem fensterflügel – ohne echo. An das halbe jahrhundert des baums wollte sich keiner erinnern, und der vierblättrige klee ward spröd und zerriß. Nur das brusttuch der mutter war mir zwischen die rippen gewachsen. So schleppte ich's die wände lang. Auf der betonpiste begegnete mir einer, der mich nach dem weg fragte. Ich konnte nur vom storchennest sagen, dort, wo die straße ins loch fiel.

Da lachte er und nannte mich charlatan. Ich sollte singen und tanzen und meinen fetzen schwenken. An der blockecke stand ein anderer und bot mir mehr als ich erwarten konnte für das stück stoff, das sich nicht aus meinem körper reißen ließ.

Ein echo rief mit der stimme der totenfrau ICH HÖRE DICH und las mir hundert irdische jahre aus der hand.

Das larvengesicht

es bewegt sich nicht mehr, es ist entkommen
hat vater und mutter im heim abgeliefert
hat sich von den geschwistern losgesagt
hat die kinder DEN FEIND erkennen lassen
hat dem ungeborenen das leben genommen

es bewegt sich nicht mehr, es ist entkommen
hat liebe gepredigt und gier gemeint
hat den mündigen den mund gestopft
hat die wälder fallen sehen und sich abgewandt
hat reue geschworen und die augen verdreht

eingepuppt ist es entkommen

Phantom

ich habe überschuhe an ein paletot gegen den sauren regen
einen wendbaren mantel und ohrenschützer über der schapka
vor dem gesicht eine maske: unschuldig bigottes lamm

die wölfe sind geflohen

ich habe ein haus aus panzerglas aus presspappe
ein bett superleicht darin konserven atomsicher
wenn du willst und hot dog ißt lebensmittelfarbe alles
was in der wurst ist ging durch den wolf

die wölfe sind weg

ich habe extrastarke tabletten ohnmachten gegen die ohnmacht
versicherungen kugelsichere westen und einen dolch
am gürtel bin ich meiner sicher:

die wölfe sind geflohen, die wölfe sind weg

Das vermächtnis

Die vettel auf ihrem findling im deckgebirge des tagebaus war dünn, grauhaarig, und die fadenscheinige tracht war ihre einzige zierde. Bissige Marhata hatten die leute sie genannt.

„Was wollen die menschen von mir? Das letzte stück land?", sprach sie betrübt. Mit wässrigen augen besah sie sich die abraumförderbrücke, die bagger und die mit kohle hoch beladenen loren.

Seit jahrhunderten schützte Marhata die unberührte natur. Doch die menschen gaunerten ihr alles ab, bis auf die kleine heidekrautinsel vor ihrem fels. Und wie verbissen sie gegen die alte gekämpft hatten! Da wurden rappen vor den fels gespannt, mit steinen hatten die menschen sie beworfen, flüche ausgestoßen.

Ich stand auf der förderbrücke, stand in ihrem bann. Die Marhata winkte mich zu sich hinunter. Aus der nähe wirkte das gesicht der frau kraftlos, wie ihre hand, die mir einen strauß heidekraut entgegenhielt.

„Nimm!", sagte sie, und in die blüten fiel etwas, wie reif.

Ich wollte sie trösten, ihr das alte lied vom fließenden wasser ins ohr singen, sagen, daß prophezeit worden ist, SIE LEBE SO LANGE, WIE

SIE ES SELBST WILL.

Doch sie winkte ab, griff nach ihren augen, riß sie aus dem gesicht und pflanzte sie in meine stirn.

Ihre rauhe stimme berührte mich, so erfuhr ich, daß man sie vormals mit sechs rappen aus der Lausitz ziehen wollte. Damals war ein pferd nicht tiefschwarz. Deshalb mißlang das vorhaben.

Die baggereimer fraßen sich ins deckgebirge. Marhatas grünes wolltuch fiel auf das förderband. Der findling versank langsam im abraum.

Ich jedoch sah noch mehr, sah, was ich sehen wollte: der tagebau – ein see, ein getreidefeld, der acker feucht, fett, am feldrain heidekraut. Meine füße unter Marhatas rock.

Wieder und wieder schrie ich mit ihrer stimme in das kreischen der bagger und transportbänder den zauberspruch:

„Sechzehn sind gleich sechzehn und fünfzehn und eines sind nicht gleich sechzehn!"

Als die stimme versagte, verwelkte das kraut in meiner hand. Ich taumelte über Marhatas versteinertes gesicht zum grubenrand. Dort pumpten motoren in filterbrunnen pausenlos mein blut aus dem erdkörper.

Aussicht auf morgen

die stimmen unserer mütter
aus jenseitigen dörfern
flattern beschleift
zu den schlafstädten her

aus einbetonierten löchern
über den straßen
werfen die fremden
staunende augen

spiele und jubel
bis zur erschöpfung
wir tauschen im fluge
den eigenen kindern
die zunge die zunge

Ins licht, mein freund

porträt mit P.

Ins licht, mein freund, ans tau, schon kürzer sind die tage!
Du zählst im haar das grau, erfolg und niederlage.
Bist klug, ein grand jongleur, ich töricht mich verstricke,
souffleusen überhör, dir *rosen, tulpen*... pflücke.

Magie noire im haar, den körper kaum behangen –
du sagst: das war schon da. Scheinst nicht, durch nichts, befangen.
Sprichst: Zeit, das ist ein seil, versuchs zu imprägnieren,
zerfasert schon ist meins, taugt nicht zum balancieren.

Komm, lieber, reich die hand, beiß an die vitalade –
dann atme durch und frei, laß falln die maskerade!
Wer lebt denn, wenn nicht der, der pfeift auf die staffage,
auf ungewissem steht und wegsteckt auch blamage.

Einfluß des alls auf die lust

im jahr der invasion der maikäfer
mit schildpatt und metallnem flügel
erhoben die läuse die waffen frei
im fall fielen die maikäfer rücklings
schauend das all verloren sie lust
zum täglichen kleinkrieg so blieb
den läusen unbestritten der sieg

Getöntes glas

ist klar, wie: benutzte säbel, das geronnene blut zertretener
käfer, der terror der antiterroreinheit oder Elbwasser und
blindheit, die keine ahnung hat von dunkelheit. Total verrückt wie
du, mein lieber Kilkrock. Heute noch sitzt du am fenster und
verdrückst hacksteak mit zigeunermasse blauäugig
und buntschwänzig, doch schon ansehnlich und gut im futter.

Die tänze

Längst schon hatten sie an ihm symptome festgestellt.
Er hatte gesprochen, wie ihm die zunge gewachsen war.
Als sie ihn fragten, was er wolle, sagte er:
DEUTLICH SPRECHEN UND VERSTANDEN WERDEN.
Als er sprach, sahen sie sich an,
als er forderte, sahen sie sich an,
als er schrie, sahen sie sich an.
Keiner verstand. Der kellner verlangte
eine zeche, die niemals gemacht worden war.
Der beamte trug eine beerdigung ein,
obwohl er eine geburt gemeldet hatte.
Die polizistin sagte: weitergehen weitergehen,
da blieb er stehn. Wollte nichts mehr. Biß
sich auf die zunge – blut, sahen sie. Längst
schon hatten sie an ihm symptome festgestellt.

Sag nicht es wäre sommer

irgendwann in der mitte
als es mir leid wurde dir nachzulaufen
sah ich die welt wie sie ist ständig
sich änderndes gleichmaß von jahreszeiten
diktiert vom eingriff des werdens
sah deine züge in güte das zaudern
als vorgelenkten schritt von Adam
zu Eva gebremst durch den apfel
auf den alles hinausläuft den herbst

Robinsonade

eine bucht finden einen flecken
und tisch und bett teilen
mit Freitag dem spiegelbild

unmöglich zu fliehen besiegt
von tisch und bett und spiegel

Gesänge aus Sodom

Solange du mir bist, bin ich mir ganz.
Die toten tanzen keinen totentanz.
Das alleluja senkt sich echoalt.
Der jahre gruft, der hohle stein ist alt.
Wir können vorwärts und zurückzu gehn.
Der schwarze wagen bleibt vor keinem stehn.
Ich kenne nichts, das härter ist als zeit.
Die zeit wurmt weder morgen noch vergangenheit.

Frau im haus

Treten Sie ein tag
schön der herr was darf ich Ihnen bringen
schonkaffee oder etwas hartes bitte toast
oder kuchen die plinsen sind auch fertig um drei
wenn der mann nach hause kommt will er seine
ordnung also die plinsen um drei und den kaffee
nicht heiß und nicht kalt und einen edel aber
einen kleinen und Sie bier? wodka? wollen Sie
zeitung seite achtunddreißig sind die ergebnisse
vom eurosport und seite fünfzig die aufstellungen
der nächsten spiele das will der mann als erstes
wissen weiter hinten die vergewaltigung
und heute ein brünetter akt ach ich komme
ins schwatzen soll ich nachschenken ist Ihnen auch
warm oder soll ich anlegen wie finden Sie
meine neue schürze hat mir der mann geschenkt
seine lieblingsfarbe ich
soll darin nicht blaß aussehen gehe auch jeden monat
zum friseur da hält der mann drauf aber ich bitte
Sie behalten Sie die schuhe doch an.

Loblied auf die sauberkeit

wasch dich ab wasch
sauberkeit ist nötig
in der datsche der öffentlichen
meinung wasch die hände
mit allen mitteln
FIT QUASI IMI ATA
LOREC KATA nimm konzentrat
konzentrier dich auf:
fenster möbel autos
dem nachbarn vor die tür
kehr den dreck seif ein
dein gewissen jedes
ruhekissen mit dem finger
bezeichne schmutzige die
konkurrenz und du steigst
gleich Autoren aus dem schaum
aus den knochen des nächsten
koche seife
die eigene weste blütenrein wasch
wenn die haut fadenscheinig wird
wasch weiter bis aufs blut wasch
bis die knochen kerzen-
bleich sind durch-
scheinend deine gedanken steriles
superweiß

Vom geteilten, dem doppelten leben

du brauchst mich, freund, denn ich bin gut für dich
mein körper ist wie andere, nicht schlechter
und wenn ich schweig, klingt auch mein wort nicht fremd

ich geb dir alles, meine haut, die wärme
ich nehm dich auf und halt dich in mir aus
behalt dich über jahre, grenzen und geschlechter

bei mir gehörst du immer zu den meinen
silvester stell ich töpfe für uns aus
und heb den taler und das brot für dich

den wundlappen behalte ich für mich

Mittelbare vermittlung

Ich saß in einem raum voller bücherregale an einem ecktisch. Hinter mir war ein großes fenster.

Du kamst in einem sakko aus festem gewebe von pfeffer und salz. Auf dem kopf trugst du eine perücke, wie Goethe sie getragen hat. Damit sahst du unverschämt gut aus.

Als du näher tratst, duckte ich mich hinter den papierstapel, der vor mir auf dem tisch lag und nach meinem geburtsdorf roch. Alle bögen enthielten meine säuberlich aufgeschriebenen texte.

Du bliebst am tisch stehen und sahst mich an. Deine augen hatten eine nie gesehene farbe. Unter deinem blick begann ich zu singen und zu tanzen, obwohl das hierzulande nicht üblich ist. Das dorf war mir anzusehn, und meine einfachen worte waren in einer fremden sprache geschrieben.

Als ich mit allen händen an den zeilen hing, nahmst du das manuskript auf, blättertest die seiten durch und sprachst das festgeschriebene urteil. Du gingst. Ein luftzug öffnete das fenster und wischte die blätter vom tisch.

Ein raumkosmetiker kam und fegte alles fein säuberlich in den papierkorb. Die leute sind wahnsinnig, sagte er, diese vergeudung.

Diebesgut

ALLes hast du fortgenommen:
meiner häute alabaster
meine kaum gelebten träume
alles schrille naseweise
mit dir auf ist mein gesicht
und das kind mir aus dem leib
aus dem körper meinen riß
hast du leichthin weg getragen
unnütz ding hast du vergraben

Narren

du sagtest nein es ist nicht an der zeit
ich war dir weniger als das was fremde
frauen im vorbeigehn sind du sagtest nein
und sahst es war bereit der tag lag aus
und ich war aufgebrochen von zuhaus

durch dich könnte ich geworden sein
du sagtest nein da zog ich schweigend aus
den körper ließ den geist hinaus

wir sind noch wie wir waren
narren

Wenn ich gehe

kann es jeden tag sein
die tür zum laden gegenüber wird noch knarren
und die gartenpforte nicht schließen
wenn ich gehe
wird die mutter mit dem schicksal hadern
und mein kind in ein weißes taschentuch weinen
wenn ich gehe
wird hitze den leuten schweiß auf die stirnen treiben
oder kälte den frost in die zehen
wenn ich gehe
wird man die kosten für die beerdigung ausrechnen
und der den ich liebe wird im schlaf
eine frauenschulter berührn

Nach dem abschied

auf dem friedhof Ralbitz

Malst dir ein antlitz auf. Gesichter. Neu
für jeden tag, als wenn es jener wär,
an dem er hinzog (hinters Tote Meer)
und alle röte dir, das leuchten nahm.

Dein dasein fratze nun, entstellt vom wahn
des schönseins altem spiegelwunsch: BETRÜG
DEN SCHWACHEN LEIB durch trödelkram. So bleich
und starr. Dein ich ist fremd, hat kein gesicht,
nur namen eines schattens, schattenriß.

Noch kraftvoll wühlst nach spuren du im staub
der straße. Ahnst und formst dir seinen schritt
noch dort, wo eng die kreuzesreihen stehn.
Sehr weiß, ganz gleich und hell im licht, im frost,
wo du den baum, das reis noch kindhaft siehst

erkennst du leben. Unter deinem fuß
vergehn und werden. Fließend farbenspiel,
wie atem, warm. Und ohne tand, getu',
bricht haut dir durch und farben wachsen nach.

Draufsicht

als der sarg zugenagelt wurde
als ich meinen kummer beilegte
nach altem brauch herging
hinter dem schwarzen wagen
jedem die hand drückte
sah ich das
durchscheinende weiß der knöchel
auf den deckel trommeln

Sommernacht

die nacht hat die geräusche ausgebreitet
dem schienenschlag die grille gleichgestellt
damit es dröhnt und zirpt durch alle welt
sich mit bewegung füllt der trübste winkel

und mit gelall und kaum verhaltnem rufen
das fällt zusammen schallend auf uns ein
läßt staunend horchen uns am tauben stein
wo glättend unsrer sich die zeit erbarmt

wir nehmen dunkel auf den ton der schrille
wir schlafen fest uns bei den toten ein
gebären einen laut und irrlichtschein

Suche

Der Pilgerzug auf schmalem schwarzen Pfad
(Marina Zwetajewa, 1916)

im wasser wenn ich mich erkenne
den fisch mit menschenantlitz
eine skulptur die aufgebrochen ist
auf der Seidenstraße bei Xi'an
einen elefanten an der hand
der einmal weiß gewesen sein muß
ich seh Marina die fürstin
im jahre achtzehn tot in ihrem wagen
mit offenen augen durch Moskau fahren
schritt für schritt in der bewegung
menschlicher gliedmaßen vorgeschoben
die alles niederwalzen auf dem wege
erkenne die eigenen füße
die um ihren ursprung kreisen
die einigkeit des ungeteilten fischleibs
die sich nicht einstellen will
vor dem ende

Budissin 90

Zum schutz vor hitze und wind haben frauen laken in die fenster gehangen. Auf dem topfmarkt hör ich gemischtes gemurmel. Westöstliche und fernöstliche laute. Viel polnisch und noch mehr reichsdeutsch, ab und an sorbisch. Am Reichentor warten leichte mädchen auf den kommenden freund & feind. Schöne erdfarbene gesichter rumänischer Roma und die blaßblonden hiesigen stehen da mit ihrer gier, ihrer bürde. Jeansuniformen beherrschen das bild. Menschen mit sportschuhen und blechmarken an stelle der herzen, die zum sprung bereit sind. Alle plätze derer, die gegangen, sind ausgefüllt. Hautnah recken sich häuser ins grau, trutzig zeigen sie lebensläufe, wie bestätigte urkunden oder urteilssprüche, verurteilungen. Glockenläuten und sirenengeheul hängen über der stadt, ersticken die schreie der gewalttäter. Im laden passt eine frau auf Zigeuner auf. An Polen wird nicht verkauft. Meiner Mutter schmeißt man die einkäufe vor die füße. Wortlos verstummen die offengebliebenen fragen. Die kampfplätze des Dreißigjährigen Krieges sind verlassen. Heute pilgert man zum Gelben Elend. Zwischen der tat und dem grund ist weder atem noch geist. Zwischen dem tag und dem morgen steht der knast.

Der hang zur vollkommenheit

zu dem blatt
„Amalie und Adalbert am Abend"
von A. Hrdlicka

stumm graut's abends
zimmer kalt warm so rund
die menschen durch wein und brot
(sessel fassen diese fülle) dazwischen
ein tisch trennt die sessel
sessel trennen leben, abgewandt
alles gesagt schon
füllt geschäftigkeit den raum
samtdeckchen und gartenzwerge
der umweltfreundliche noch größere
wagen das angebot
wechselt auf wegwerfhunde
hauscomputer ein perfektes
sicherheitssystem für mobiliar
und inhalt beherrschbar mit einer
bewegung – dem daumendruck
zum wechseln der programme

Transparenz

Ich nehme ein laken, breite es aus, leg mich drauf. Dann wickle ich mich ein. So nah war mir kaum ein mensch. Nun möchte ich, daß es still wird.

Eine straßenbahn dröhnt, die mauern des alten hauses beben, lassen meinen körper erzittern. Die digitaluhr vor dem fenster sendet pulsend grünen schein ins zimmer. Nebenan pokern zwei männer um gott und die welt. Aus einem recorder empfange ich informationen über den smogalarm in Berlin. Das HIER ist ein bedeckter körper, der das atemanhalten übt.

Momentaufnahme

Noch ist es warm, des apfelbaumes früchte
sind rot und schaukeln mir die illusion
der barfüßigen zeit, die flüchtiger schon
die hängematte wiegt, darin die nichte

mir rosenschenklig in den tag hin schwimmt.
Im rundig-biegsamen gerenk der rippen
treibt, pocht ihr herz dem puls das eilige wippen
hin in die träume, die der tag nicht nimmt.

Im schatten wir, und in der glut vibrieren
die farben, seh ich hoch, ins grün, ins braun –
was soll uns zeit – und unzeit ist ein flaum!

Anmerkungen

In der tür

herzbinkerl – österreichische Mundart: Lieblingskind

Handzeichnung

Zhang Yu-Cai – chinesischer Maler, der eine Zeitlang im Waggonbau Bautzen als Koch gearbeitet hat

Unter einem gewaltig mildtätigen horizont

Weißer Holunder – Schlagertext der 50er Jahre

Aufruf ins Paradies

cuzbnika smej ty a ja – deutsch: Fremdlinge sind du und ich, Vers aus dem Gedicht „Cowanja wostanu" (Die Träume bleiben), geschrieben an eine Indianerin

Budissin 89

Augustin – gemeint ist „der graue Mann auf dem Dach" des Domstifts zu Bautzen mit Namen Augustin Widerin von Ottersbach, Dekan, der im Bierkrieg 1619 durch sein Ausharren das Haus dem erzbischöflichen Stift erhielt

VIA REGIA – transeuropäische Handelsstraße, die (nachBerichten des arabischen Geografen Ibn Khordadhbeh aus dem 9. Jahrhundert) von Spanien durch das Land der Franken und Slawen nach Itil im Chasarenreich führte, von wo man nach China gelangen konnte. Im einzelnen berührte sie die Städte Verdun, Mainz, Frankfurt, Erfurt, Leipzig, Bautzen, Wroclaw, Krakow und Kiew. In Bautzen führte sie durch die Seidau, direkt an der Ortenburg vorbei und über die Töpferstraße ostwärts

Walpurgis 90

Gebräch – weidmännisch der vom Schwarzwild mit dem Rüssel aufgewühlte Boden, auch Gebräche – bergmännisch mürbes Gestein

Ich ging mit mutter

WENDE – mit dem Begriff *Venedi* bezeichneten römische Geschichtsschreiber alle westslawischen Stämme. Die nachher bis zur mittleren Elbe und Saale siedelnden Sorben, vom fränkischen Chronisten Fredegar im Jahre 631 als *Surbi*, von anderen auch als *Sorabi* erwähnt, wurden althochdeutsch u.a. als *Winida*, skandinavisch als *Venda* bezeichnet. Die meisten der elbslawischen Stämme wurden zwischen dem zehnten und dem siebzehnten Jahrhundert bekämpft und germanisiert. Die Reste der Stämme der sorbischen Milzener (um Bautzen) und der Lausitzer (um Cottbus) werden oft unexakt als *Wenden* bezeichnet

Zeit der legende

Lubka lilija – sorbisch: Liebste Lilie, Liedtitel von H. Zejler
Legende der Zeit – bezieht sich auf das Drama gleichen Titels von F.G. Lorca

Bity njebiteho njese

deutsch: der Geschlagene trägt den Ungeschlagenen

Hingang

Salm – umgangssprachlich: Geschwätz

Im hochzeitsbaume

Vogelhochzeit – sorbischer Brauch: am 25. Januar stellen Kinder Teller ins Fenster, damit die Vögel sich durch Süßigkeiten, Äpfel und Backwerk für das tägliche Füttern bedanken können

Das los

Los – Schicksal, aber auch wirtschaftlich bestimmte Menge gleichartiger Produkte, z.B. eine Zeile Mais

Die heilung

SCHÖNE LAUSITZ, VATERHAUS... – leicht abgewandelter Anfang der sorbischen Hymne, Text H. Zejler
ZA TEBJE, WOWKA – sorbisch: für Dich, Großmutter

Delany

Landstrich, nordöstlich von Kamenz

Im Spreewald

lapa – niedersorbisches Trachtenteil (Kopfputz der Spreewälderin)

Zeitzeichen

Es lebe das... – knüpft an den Ausspruch „Njech žije serbski lud!" (Es lebe das sorbische Volk!) von W. Pieck auf dem Sorbentreffen in Bautzen am 9.7.1950 an
Kifko – dramatisches Werk von M. Lorenc
Wie ich mein Vaterland fand – Gedicht von J. Brězan (Sorbische Lyrik, Berlin 1954)

Anpassung

Himmel und Erde – schlesisches Gericht aus Kartoffeln, Äpfeln, Speck, Zwiebeln, Butter, Zucker und Blutwurst

Wir einundsechzig mit fähnchen

Struga – Flüßchen in der Gegend von Weißwasser

Moja hola

deutsch: meine Heide, entnommen dem Lied „Ach, moja hola" von K.A.Kocor / J.Surowin

Ausgrenzung

Klitten – Ort in der Nähe von Weißwasser, der vom Abbaggern bedroht ist

ICH SEHE DICH / ICH HÖRE DICH - Trinkspruch nach dem Original: Ja će widźu/ ja će slyšu

Ins licht, mein freund

Magie noire – auch: französische Parfümsorte

vitalade – Süßigkeit von schokoladenähnl. Geschmack aus Sojaschrot, Hartfett und Zucker

Das vermächtnis

Bissige Marhata – sorbische Sagengestalt

SIE LEBE SO LANGE, WIE SIE ES SELBST WILL – Anspielung auf die Aussage von H. Axen „...die Sorben werden solange als Sorben leben, wie sie das selbst wollen" in der Ansprache zum 1. Festival der sorbischen Kultur am 26.6.1966

Deckgebirge – bergmännisch Gesamtheit der über dem obersten Rohstoffkörper liegenden Schicht (Erd- und Gesteinsschichten)

Abraum – bergmännisch: Teil der Erdrinde, der zur Freilegung und somit zur Nutzbarmachung des Rohstoffkörpers im Tagebau bewegt werden muß, er setzt sich aus dem Deckgebirge, den Mitteln, dem tagebautechnisch bedingten Abtrag von Liegendschichten und den Abbauverlusten zusammen

Filterbrunnen – bergmännisch blind endendes Bohrloch, das mit Filterrohr und mit Filterkies ausgebaut ist

Getöntes glas

Kilkrok – Name eines sorbischen Wassermanns

Loblied auf die sauberkeit

IMI ATA LOREC KATA – Anfang des Kinderreims: Imi Ata Lorec Kata zady hata cholow' plata (Imi, Ata, Lorec Kata hinterm Teich flickt die Hosen)

Inhaltsverzeichnis

ISBN 3-86163-021-4
1. Auflage 1991

Schrift rotis semigrotesk
rotis antiqua
Layout Martin Hoffmann
Einband Karla Woisnitza, Bild "Große Tecuna" von Karla Woisnitza
Satz BasisDruck
Druck Druckhaus Galrev, Berlin
Buchbinderei Lüderitz & Bauer, Berlin

Janus
press

Frühjahr / Sommer 1991

Jan Faktor

Henry's Jupitergestik in der Blutlache Nr.3 und andere positive Texte aus Georgs Besudelungs- und Selbstbesudelungskabinett

Texte, Manifeste, Stücke
und ein Bericht

ca. 120 Seiten, ca. 24,-DM
ISBN 3-86163-022-2

Jan Faktor, der "Experimentalpoet" par excellence, der mit seinem ersten Buch *Georgs Versuche an einem Gedicht und andere Texte aus dem Dichtergarten des Grauens* Aufsehen beim Publikum und die Achtung der Kritik erregte, legt seinen zweiten Band vor: Stücke von "Dichtung und Frechheit" – für mindestens 700 Darsteller – spielerische und theoretische Erwägungen zum respektlosen Umgang mit der deutschen Sprache - ein provozierendes "Selbstbesudelungsmanifest" auf das Metier der Schriftstellerei: sie alle Dokumente rigoroser Selbstbetroffenheit.

flanzendörfer

unmöglich es leben

texte zeichen bilder
Herausgegeben von Michael Thulin und Peter Böthig

ca. 192 Seiten, ca. 32,-DM
ISBN 3-86163-024-9

Frank Lanzendörfer, der sich flanzendörfer nannte, war ein begabter, kreativer Künstler. Er zeichnete, malte, stellte sich in Performances dar, schrieb und gestaltete seine Skripten zu bizarren Collagen; er gehörte zu den Initiatoren der inoffiziellen Zeitschrift *"schaden"*, dem Zentral-Organ der Autoren und Maler vom Prenzlauer Berg im Berlin der 80er Jahre; aber er wies mit allem, was er tat, auf die Tatsache hin, daß ihm in dieser Welt zu leben unmöglich war. Er setzte seinem Leben mit 24 Jahren ein Ende. Die Herausgeber haben die wichtigsten Zeugnisse flanzendörfers für diesenBand zusammengetragen: Memorial und Menetekel.

Bert Papenfuß-Gorek

LED SAUDAUS

notdichtung karrendichtung
mit Zeichnungen des Autors

ca. 120 Seiten, ca. 25.-DM
ISBN 3-86163-023-0

Bert Papenfuß-Gorek, bekannt durch seine herausfordernden experimentellen Texte, „fußend auf dem Fundament der deutschen poetischen Tradition", wie ihn Ernst Jandl „als einen Dichter ersten Ranges" rühmte, legt seinen neuen Band vor. In zwei großangelegten, 1989 - 1991 geschriebenen Zyklen geht er mit nervöser Sensibilität den kaum bemerkbaren Verschiebungen im Fühlen und Sprechen dieser Tage nach, wirft sie in seiner artistischen Sprache mit Verve aufs Papier, poetische LEDs (light emitting diods), wie festgehaltene Signen und Symbole, aufgezeichnet aus Not und Liebe - german graffitis und zugleich eine unerwartete, geniale Zeitdichtung